ORAISON FUNÈBRE

DE

SALOMON ULMANN

Grand-Rabbin de France

PRONONCÉE LE 6 JUIN 1865 AU TEMPLE ISRAÉLITE DE BORDEAUX

PAR

M. SIMON LEVY

Grand-Rabbin

BORDEAUX

IMPRIMERIE GÉNÉRALE D'ÉMILE CRUGY

16, RUE ET HÔTEL SAINT-SIMÉON, 16

1865

ORAISON FUNÈBRE

DE

SALOMON ULMANN

Grand-Rabbin de France

וְהָיָה אֱמוּנַת עִתֶּיךָ חֹסֶן יְשׁוּעֹת חָכְמַת וָדַעַת וְיִרְאַת ה'
הִיא אוֹצָרוֹ   (ישעיהו ל"ג ו')

La sagesse, la science et la crainte de Dieu forment
ensemble la source de notre félicité, la consolidation de
notre existence et le boulevard de notre salut.

(*Isaïe*, ch. 33, v. 6.)

Mes chers Frères,

Quand disparaît de la terre un homme remar-
quable, ce ne sont pas seulement des larmes que
sa mort nous fait verser; d'amers regrets labourent
notre cœur, et ces regrets sont l'effet de la douleur
que nous éprouvons d'être à jamais privés de la

rue de celui qui fut pour nous un constant exemple de sagesse, de lumière et de vraie piété. Pleurer un mort illustre, c'est payer un tribut d'hommages à sa mémoire; c'est proclamer que sa vie nous a été chère et précieuse; c'est apprendre aux hommes desquels le défunt n'a pas été connu, qu'avec sa disparition un vide immense s'est fait dans nos rangs, et que nous avons perdu en lui le plus beau joyau de notre couronne.

Combien il est vrai de dire cela de Salomon Ulmann, mort à Paris le 5 mai, en qualité de Grand-Rabbin de France, vous le savez comme moi, Messieurs. Assez de voix éloquentes se sont élevées sur sa tombe, le jour de ses funérailles, et ont proclamé la légitimité de notre deuil, pour que je sois dispensé de m'en faire ici de nouveau l'écho.

Mais, après avoir pleuré et gémi avec tous les pasteurs en Israël sur la perte prématurée de notre premier Pasteur, il ne me reste pas moins le profond regret de ne plus voir à notre tête le chef vénéré à la conduite et à la direction duquel nous aimions tant de nous abandonner. Que peuvent donc faire d'abondantes larmes pour adoucir, pour calmer un semblable regret? Croyez-le, rien n'est capable d'en tempérer l'amertume, si ce n'est l'espoir de conserver toujours le souvenir de celui qui fut notre guide et notre conseiller, et d'avoir constamment devant les yeux le modèle parfait de toutes les distinctions qui se trouvaient unies en sa personne d'une façon si rare et si complète. Moi, particulièrement, qui ai eu l'honneur de recevoir mes premiers enseignements de la bouche de ce Pasteur incomparable, et qui lui étais attaché par les doux liens d'une amitié dont il voulait bien m'assurer quelquefois qu'il agréait l'hommage avec plaisir, où trouverais-je ma consolation, s'il ne m'était permis de la chercher aujourd'hui dans l'essai que je vais tenter de vous retracer la vie et les œuvres de Salomon Ulmann ?

Dans cette vie apparaissent précisément de nombreux et puissants exemples de cette sagesse, de cette science et de cette piété que le prophète Isaïe considère comme formant ensemble le palladium de notre foi, la condition-mère de notre bonheur, et le plus riche diadème qui se puisse poser sur la tête du croyant israélite. Et si je me permets de louer la piété dans un pasteur d'âmes, dont tous les actes doivent porter le cachet de la religion, c'est que je tiens à distinguer la piété qui était personnelle à Salomon Ulmann de toutes les autres qui portent aussi ce nom, et à la mettre en relief par le côté où elle touche intimement à la situation actuelle du Judaïsme. A l'époque où nous vivons, rien n'est indifférent à signaler dans l'existence d'un homme qui s'est trouvé à la tête de la Synagogue de France, et qui, d'ailleurs, a pu mettre au service de sa tâche pastorale une intelligence ornée des plus solides connaissances sacrées et profanes, et un jugement droit que la passion ne sut jamais troubler ni égarer. Les vues d'un semblable pilote, ses idées et ses actes, méritent d'être montrés à ceux qui lui survivent, et que doit animer le désir de voir enfin le vaisseau du Judaïsme entrer dans son port de salut.

C'était, mes Frères, presque au début de ce siècle, en l'an 1806. Nous venions de voir s'abaisser les dernières barrières d'une ancienne et injuste exclusion, et notre religion, toute couverte de son antique piété, s'apprêtait à se mesurer avec le colosse de la moderne civilisation, en pressentant qu'il deviendrait pour elle un aide et un appui plutôt qu'un éternel antagoniste. Par les aspirations qui commençaient à se faire jour, au contact des lumières et des libertés nouvelles, il était facile de prévoir que, dans notre sein aussi, comme dans celui de tous les autres cultes, des luttes s'engageraient entre l'esprit ancien et l'esprit nouveau, et qu'il appartiendrait à la génération qui allait naître, de préparer, sinon d'opérer, une conciliation que les prophètes avaient prédit devoir tourner à l'avantage de la doctrine biblique. A ce moment, Salomon Ulmann naquit à Saverne, dans le Bas-Rhin, et, par les dons dont le Ciel, prodigue à son égard, l'avait comblé, il était visiblement destiné à donner, le premier, la mesure dans laquelle la vraie piété peut s'allier aux modernes aspirations. Ce n'était point la richesse qui lui était échue en partage par le hasard de la naissance, mais un ardent désir de s'instruire, que fortifiera et que développera encore l'exemple de la maison paternelle. Issu de parents pauvres, il les suivit de bonne heure à Strasbourg, ville qui donne asile tout ensemble au libre génie de la studieuse Allemagne et à l'esprit pratique d'attachement à la tradition religieuse qui distingue la France. Il se trouve ainsi sur un courant qui le portera aux fortes études, après l'avoir laissé se désaltérer à la source de la foi. Salomon Ulmann montrera que les enfants nés dans la Synagogue sont capables de cultiver les connaissances sacrées et profanes indistinctement dans toutes les carrières.

Son père avait été un de ces doctes talmudistes, dont l'existence entière, malgré les événements heureux ou malheureux qui pouvaient la traverser, était d'avance vouée à l'étude des livres sacrés. Rien, Messieurs, n'est plus respectable ni plus digne d'admiration que ces saintes figures qui nous apparaissent à travers les âges écoulés. Être un talmudiste signifiait, autrefois, cultiver le champ de la science biblique avec une abnégation dont il ne reste, de nos jours, que fort peu d'exemples. Il fallait presque faire vœu de pauvreté, ne jamais se préoccuper du lendemain, passer des nuits entières à creuser le sens de la parole sinaïque, et ne rien avoir plus à cœur que d'exécuter la loi dans toutes ses pratiques et dans toutes ses prescriptions. De satisfactions terrestres, il n'en pouvait jamais être question. L'entretien même de la famille était laissé aux soins de la Providence, ou, pour mieux parler, c'était la mère de famille qui se faisait cette Providence.

C'est ainsi, effectivement, que vécurent à Strasbourg les parents de Salomon Ulmann. La famille était composée de deux frères et d'une sœur, et, pendant que les fils avec le père consacraient tout leur temps à l'étude de la Loi, la mère et la fille gagnaient le pain quotidien à la sueur de leur front. J'ai connu, Messieurs, cette mère vénérée, à côté de laquelle Salomon Ulmann a demandé que ses restes mortels fussent modestement inhumés. J'ai aussi connu sa sœur, qui ne l'a précédé que de quelques mois au séjour de l'immortalité. Deux femmes fortes, deux saintes filles de Sion s'il en fut jamais, car elles ont su donner à leur maison la noblesse de la pauvreté, tout aussi distinguée que celle de la fortune, parce que l'auréole en est trois fois relevée par le dévoûment, par l'abnégation, et par le travail qui sanctifie tout ce qu'il touche.

Dans un milieu aussi richement parfumé, comment Salomon Ulmann aurait-il pu grandir sans prendre quelque chose du parfum des vertus patriarcales qui l'environnaient de tous côtés? Lui qui avait, par nature, la délicatesse d'une fleur, comment n'aurait-il pas emprunté la beauté de toutes celles qui se cultivaient ainsi dans sa propre famille? Par son père, le goût de l'étude; par sa mère, celui du travail et de la modestie; par tout ce qui l'entourait, le goût et l'amour du dévoûment, de la piété et d'une angélique douceur, voilà ce qui devait infailliblement lui arriver. Dieu l'avait à cette fin si admirablement doué! Un cœur naturellement bien placé, une âme qui s'émouvait avec la plus vive tendresse, un esprit souple et pourtant puissant et étendu, enfin tout en lui, jusqu'à ce front haut et élevé où le génie semblait être comme manifestement répandu, jusqu'à ces traits pleins de calme où se peignait la modération de son caractère, et jusqu'à ces lèvres toujours souriantes et prêtes à laisser s'échapper des paroles de paix, tout cela faisait prévoir que le Judaïsme trouverait en lui le conciliateur qu'il lui faudrait bientôt rencontrer. Ajoutons que Salomon Ulmann, pour devenir ainsi cette pierre de salut, trouva, au début de ses années d'étude, un maître vraiment providentiel. Il venait de perdre son père, à Strasbourg, et là même, le Ciel lui donna la consolation de retrouver chez un Rabbi tout aussi savant les leçons que la mort avait si fatalement interrompues. Laissez-moi, Messieurs, passer rapidement sur cette époque. Je craindrais, en trop parlant des progrès du disciple, d'offenser la modestie du maître, que la Synagogue a encore le bonheur de posséder.

Je dirai seulement que si Salomon Ulmann a fait notre force et notre gloire, c'est à ce maître que nous le devons, car c'est par lui qu'il a acquis cette prodigieuse science talmudique que nous aurons occasion de louer un peu plus loin, et qui toujours a fait considérer ses décisions doctrinales comme celles d'un véritable oracle, tant elles étaient marquées au coin de l'érudition et d'une grande rectitude d'appréciation.

Pendant qu'il s'instruisait ainsi sous la direction de Rabbi Mosché de Strasbourg, il continuait à tremper son âme, devenue si forte depuis, dans les mille et une épreuves de l'étudiant sans fortune. Ce n'était pas à son entretien qu'il avait besoin de veiller : sa mère et sa sœur y pourvoyaient

par le travail de leurs mains. Mais voulait-il donner satisfaction à sa soif d'étude, qui le poussait
vers les connaissances profanes, il se faisait modestement copiste sacré de Mesousoth, et le fruit
de son labeur était régulièrement employé à ache-
ter les livres qu'il ambitionnait. De cette façon, il
fournissait à la génération israélite de son temps
les moyens de se sanctifier, et à lui-même ceux de
s'instruire. עשרים וארבעה תעניות ישבו א'כ'הג על כותבי
תפלין ומזוזות שלא יתעשרו

Il était aisé, mes Frères, de prévoir les résultats d'un amour si ardent de la science. La plupart
des grands hommes n'ont-ils pas eu de semblables
débuts, et n'ont-ils pas donné leurs promesses à
l'avenir, à la suite de privations et de labeurs de ce
genre? Salomon Ulmann a complètement réalisé
les siennes, et les succès qui ont couronné sa vie
sont une preuve de plus que la lutte et les épreuves
ne manquent jamais de produire des héros.

Après avoir épuisé auprès de son maître tout le
programme des études talmudiques, il résolut, en
juillet 1830, d'entrer au séminaire israélite pour
achever de s'y préparer à la carrière pastorale,
pour laquelle il se sentait tant de vocation. Le Gou-
vernement français, dans un libéral esprit de jus-
tice, venait de fonder à Metz une Faculté de théo-
logie, où devaient se former à leur délicate mission

les Rabbins aux mains desquels seraient confiées ultérieurement les· destinées de la Synagogue. Chaque circonscription consistoriale pouvait y envoyer un boursier. Celle de Strasbourg choisit Salomon Ulmann. Quand il se présenta à ses nouveaux professeurs, on fit quelque difficulté de le recevoir, tant sa frêle complexion et une santé déjà minée par le travail donnaient des inquiétudes sur la conservation de ses jours. Il fut cependant admis, et, à peine assis sur les bancs du nouvel établissement, il fut remarqué pour un disciple peu ordinaire; que dis-je? les maîtres le traitaient comme leur égal, tant son savoir profond étonnait ceux qui étaient appelés à l'instruire. Peut-être le savant et pieux Directeur du séminaire de Metz, en comparant alors, comme un autre Rabbi Jochanan ben Zaccaï, le mérite respectif de ses élèves, eût-il pu dire de Salomon Ulmann... אם היו כל חכמי ישראל que son talent l'emportait sur celui de tous les autres, parce que ce talent avait précisément le caractère d'aller toujours en croissant, semblable à un fleuve qui se développe et s'étend à mesure qu'il s'éloigne de sa source : כמעין המתגבר

Tel, effectivement, Salomon Ulmann s'est toujours montré. Quand, après avoir travaillé les matières profanes, il aura conquis un à un les premiers grades universitaires: quand il aura quitté le

séminaire de Metz où il brillait comme un mé-
téore, il ne se ralentira pas pour cela dans son
amour du travail. Son zèle pour la science sacrée
ira même en augmentant, et, possédant désormais
ce style épuré et élégant que de fortes études clas-
siques sont seules capables de donner, il s'efforcera
de le faire servir toujours d'expression à des pensées austères et nobles, puisées dans une constante
méditation de la loi divine.

C'est ainsi, Messieurs, que je l'ai connu à Lauterbourg, petite ville du Bas-Rhin, où il est venu,
en 1834, exercer les premières fonctions de son sacerdoce. J'étais alors bien jeune, mais il me semble
encore voir, comme dans un rêve d'enfance, l'en-
thousiasme qui se produisit dans cette humble
communauté, à la vue de Salomon Ulmann. Cha-
cun s'empressait autour de lui, mais avec cet em-
pressement qui tient presque du culte. Et comment
ne pas se pénétrer de vénération pour cet homme,
dont la démarche et la stature imposantes révé-
laient ce qu'il y avait de noblesse et d'austérité
dans son âme, de grandeur et de puissance dans
sa raison? Jamais personne ne fut mieux favorisé
de la nature que lui. Sur tout son être était répandue comme un sorte de sainteté, et il y avait
dans son maintien une dignité qui faisait voir que
Dieu l'avait prédestiné à conduire Israël au bien,

à la vertu, à la religion. Quoi d'étonnant donc qu'il se soit acquis si rapidement l'affection de son jeune troupeau ! Aux faibles, il savait donner le lait de la parole divine; aux forts, il distribuait le pain nourrissant; il se faisait humble avec les humbles, et conservait, en présence des grands, une modestie propre à les corriger et à les confondre au besoin. Sa modération prévenait invariablement la colère qui jamais n'osait éclater devant lui, et l'on m'a raconté plus d'un trait où se peint son calme rare, produisant toujours d'heureux apaisements. A de si éminentes qualités, il sut encore joindre un tact et un savoir-faire devant lesquels toutes les volontés aimaient à s'incliner et à abdiquer. Enfin on s'aperçut bien vite que l'on possédait en lui le Rabbin le plus instruit de France, en même temps que le Pasteur le plus tendre et le plus doux.

Et la haute instruction que Salomon Ulmann possédait déjà en arrivant à Lauterbourg, il essayait chaque jour de l'augmenter. Dans cette petite communauté, si riche en piété et en vertus de toutes sortes, existait et existe encore aujourd'hui une maison d'étude, un *Beth hamidrasch,* où se réunissent tous les soirs quelques hommes versés dans la science sacrée, pour étudier la loi divine, pendant les heures que d'autres donnent au repos. Que de fois ne nous sommes-nous pas là rencontré avec

lui, alors qu'il distribuait ses enseignements si au-
torisés, distillant le miel des saintes Écritures!
C'est dans ce Beth hamidrasch qu'il porte le plus
souvent ses pas. C'est là qu'il réunit autour de lui
plusieurs disciples qui lui sont tous restés attachés
comme autant de fils dévoués; c'est là qu'il se per-
fectionne dans cette science ardue du Talmud, dont
personne n'a creusé plus méthodiquement ni plus
profondément que lui les parties les plus abstraites
et les moins usuelles; c'est là qu'il se façonne à
cette exacte compréhension du Judaïsme, dans ses
rapports avec la civilisation. Lui-même, sage en
Israël, il fit ainsi ce que les sages en Israël avaient
tant recommandé, il y a vingt siècles, à savoir,
de former essentiellement de nombreux disciples :

והעמידו תלמידים הרבה

C'est donc bien dans l'humble communauté de
Lauterbourg que Salomon Ulmann s'est appris, en
premier, à marcher dans cette voie délicate des
devoirs du rabbinat moderne, voie où il a persé-
véré en arrivant plus tard à Nancy, et finalement à
Paris, en qualité de chef spirituel de l'Israélitisme
français. Vous comprenez sans doute, Messieurs,
le légitime orgueil qui me fait ainsi revendiquer
cet extrême honneur pour ma ville natale. Si même
je ne craignais de blesser une modestie qui a tous
mes respects, je dirais encore que c'est Lauter-

bourg qui a eu le bonheur de recevoir, pour la première fois, la digne compagne que Salomon Ulmann avait associée à ses destinées, et à qui il ne reste, aujourd'hui, que la consolation d'avoir partagé la vie d'un Pasteur dont le souvenir demeurera en Israël, et d'avoir contribué, par ses soins de tous les instants, à prolonger miraculeusement une existence qui ne s'est encore brisée et éteinte que trop tôt pour nous.

Car, Messieurs, cette santé que nous avons déjà vue si fragile ne pouvait certes pas se raffermir par le travail fatigant que s'imposait, chaque jour, Salomon Ulmann dans l'accomplissement consciencieux de ses devoirs sacerdotaux. Songez, d'ailleurs, que le moment devait venir où une intelligence aussi distinguée que la sienne sentirait le besoin de s'épanouir et de produire son fruit, en réalisant quelque œuvre littéraire ou scientifique. Le travail de composition, quelque léger qu'il puisse être, a ses labeurs et ses sueurs que l'on ne traverse jamais impunément. Mais rien ne peut arrêter Salomon Ulmann, et tel nous l'avons vu, à la veille de son dernier jour, affronter la mort pour aller remplir un pieux devoir de famille à une distance de cent cinquante lieues, malgré l'état d'exténuation où il se trouvait, tel nous le voyons, à l'époque de sa vie que nous racontons, entre-

prendre la composition d'un certain nombre d'ou-
vrages, malgré les atteintes d'un mal qu'il avait déjà
cruellement ressenti. C'est alors qu'il s'occupa à
fournir à quelques journaux de l'Allemagne des mor-
ceaux de poésie hébraïque qui firent l'admiration
des philologues; à publier pour la jeunesse israélite un catéchisme, où les vues les plus élevées
sont mises à la portée de l'enfant, grâce à une simplicité de langage dont nul ne possédait mieux le
secret que lui; à écrire une grammaire hébraïque,
dont la lucide exposition de règles et de principes
rend accessible au plus simple l'étude de la langue
sinaïque; enfin à traduire de l'allemand en français quelques lettres sur la religion juive qui se
publiaient alors dans la docte Germanie, et dont il
m'a confié le manuscrit il y a quelques années.

C'est aussi à cette époque, Messieurs, qu'il fit
son voyage de Bordeaux. Je n'ai pas besoin de dire
l'impression qu'il fit ici sur nos administrations su-
périeures, au sein desquelles il s'est créé et conservé des admirateurs et des amis qui lui survivent, après avoir contribué à l'appeler depuis à la
haute direction des intérêts de notre culte en
France.

Mais, auparavant, il devait encore illustrer la
Synagogue de Nancy. En 1843, Salomon Ulmann
fut nommé Grand-Rabbin de la circonscription con-

sistoriale de la Meurthe. Il était amplement préparé à ses nouveaux devoirs. En cultivant avec amour la vigne du Seigneur dans la pieuse Alsace, il s'était formé précisément à cette douceur de conduite qui fut toujours l'apanage du sacerdoce israélite bien compris. Le sacerdoce israélite, mes Frères, est plutôt un ministère de sagesse et de piété éclairée que d'intolérance et d'excommunication. Ce n'est point du foudre sacré qu'Israël doit être menacé : il faut le ramener par la raison, agir sur son esprit par la persuasion, et sur son cœur par des arguments puisés dans l'histoire de son passé, et dans les riches promesses dont est si plein son avenir. Laisser vivre les fidèles avec leurs pieuses habitudes, fruits du temps et de l'éducation ; ne point porter le trouble dans leurs consciences par des innovations qu'ils n'appellent point eux-mêmes ; combattre énergiquement toutes celles que le courant d'un siècle irréligieux pourrait vouloir leur amener ; mais aussi concéder toutes les améliorations qui ne sont point en opposition avec une saine tradition religieuse, voilà ce que commande la situation actuelle du Judaïsme, et c'est dans cette sphère que Salomon Ulmann va se montrer à nous à une hauteur où il a encore été donné à peu de parvenir.

Pourquoi s'en étonner ? Il possédait une ampleur

de vues qui perçait, comme avec un coup-d'œil d'aigle, l'entier et vaste dédale de l'encyclopédie talmudique; il savait y démêler l'essentiel de l'accessoire avec une sûreté d'appréciation digne de l'immortel Maïmonide; et puis, sa piété était si forte dans son extrême simplicité, qu'à lui seul il pouvait être permis d'affirmer, en quelque sorte magistralement, la possibilité et l'opportunité d'une amélioration quelconque dans le culte. Quand, dans sa sagesse supérieure, résultat d'une science sérieuse toujours guidée par un profond sentiment religieux, il se prenait à affirmer un point controversé, qui aurait osé y contredire, et qui eût pu taxer d'erronée une opinion émise sous l'empire d'une modération et d'une érudition telles qu'étaient les siennes?

J'ai connu, Messieurs, un Grand-Rabbin, en France, qui a blâmé une décision prise par Salomon Ulmann à la demande de ses fidèles de Nancy. Une savante correspondance s'échangea entre les deux gardiens de la foi d'Israël. Je n'ai pas besoin de dire à qui la victoire est restée. J'ai lu, en manuscrit, ces lettres écrites en hébreu, et où les plus judicieuses considérations sont présentées dans un style qui rappelle celui des plus élégants écrivains de la Bible.

Salomon Ulmann s'est ainsi révélé peu à peu à

la France israélite comme un théologien de premier ordre et comme un hébraïsant distingué qui parlait et écrivait la langue des prophètes avec une rare facilité. Pendant ses douze années de fonctions dans la Meurthe, il ne se livra à aucun autre travail de littérature ni de science. Les devoirs de son ministère y étaient si multiples, qu'il s'adonna tout entier aux soins que réclamaient de lui, et l'importante communauté où il avait son siége, et les différentes localités qui composaient sa circonscription consistoriale. Toutes ont conservé de lui le souvenir le plus vivace, et, dans celles qu'il allait visiter de temps à autre, il trouvait instantanément ce respect et cette vénération que lui vouaient volontiers ceux qui avaient le bonheur de l'approcher. Sa parole était partout écoutée avec avidité, ses conseils et ses avis religieusement suivis. On sentait qu'ils ne sortaient pas d'un cœur ordinaire, et qu'une intelligence supérieure se révélait dans des sermons qui peuvent être cités comme les modèles du genre. Privé par la faiblesse de son organe du don de l'éloquence de la chaire, il savait pourtant rendre ses discours publics fort attrayants en leur imprimant ce cachet d'élégance et de simplicité qui le distinguait lui-même. Sans doute la foule ne pouvait l'applaudir ; mais les esprits d'élite savaient l'apprécier, et, je le sais, ils l'ont fort apprécié à Nancy pour l'intelligence qu'il apportait dans l'élaboration et l'élucidation des affaires consistoriales. Jugement toujours sain, nature toujours calme, affable avec ceux qui l'abordaient, indulgent et généreux, voilà la réputation qu'il a laissée à Nancy. On y vantait son exquise douceur comme celle de Hillel, et son amour pour le pauvre y a laissé un monument durable dans la caisse de secours qu'il a réussi à y fonder. Que n'y aurait-il pas encore réalisé, si la Providence l'avait laissé plus longtemps avec le second troupeau qu'il avait été appelé à diriger spirituellement ?

Mais Dieu l'avait destiné à prendre en main le gouvernail de la Synagogue française. *Marchand Ennery,* de bienheureuse mémoire, venait de rendre son âme à Dieu. Il s'agissait de lui trouver un successeur. On conçut bien vite quelque inquiétude. Non que les pasteurs distingués manquassent en France. Mais, dans les temps difficiles qu'avait amenés l'impatience mal contenue de certains esprits ardents à opérer des réformes religieuses, il fallait songer, avant tout, à placer à la tête de la Synagogue un homme capable de tenir la balance entre les partis qui s'agitaient.

Cette situation n'avait rien que de très-naturel. Trop heureux encore que, dans notre France israélite, à l'esprit si pratiquement religieux, nous ne nous soyons pas trouvés plus fourvoyés à la suite des innovations insensées introduites dans presque toutes les Synagogues de l'Allemagne. C'était contre ces excès qu'il était essentiel de nous prémunir. Il fallait trouver l'homme qui sût conserver au Judaïsme français ce caractère particulier dont je viens de parler. Qui mieux que Salomon Ulmann pouvait se charger d'une semblable tâche ? Cette sagesse, cette science et cette piété que nous avons déjà louées en lui, ne lui donnaient-elles pas le moyen de tout concilier et de produire cet apaisement général dont nous avons le bonheur de jouir maintenant ? Aussi, à peine le Consistoire central l'aura-t-il appelé à prendre possession du premier siége rabbinique, que nous verrons cette administration supérieure se reposer en tout sur le Pasteur nouvellement élu. Elle aime à s'entourer de ses conseils, à lui laisser partout et toujours l'initiative, parce qu'elle sent qu'il est l'envoyé de Dieu pour répandre sur toutes choses ce calme et ce parfum de douceur et de convenance qu'il lui coûtait si peu de prodiguer.

Cela me rappelle, mes Frères, le célèbre apologue de l'Ecclésiaste : « Il existait une petite ville » où il n'y avait que peu d'habitants. Un puissant » roi vint l'assiéger et éleva contre elle de grands

» travaux. Mais il s'y trouva un homme expéri-
» menté et sage qui parvint à la sauver par l'effet
» de sa seule sagesse. Personne, cependant, n'a-
» vait compté sur lui. C'est pourquoi je me suis
» dit : Oh ! combien la sagesse est préférable à la
» force, et qu'ils sont inappréciables ceux qui font
» entendre leurs enseignements avec calme et pru-
» dence ! » Et tel précisément était Salomon Ulmann. Sa parole favorite, la devise qu'il avait adop-
tée au temps de sa jeunesse déjà, c'est celle répétée
autrefois par le prophète Zacharie en présence du
prince Zorobabel : « Non, ce n'est point par la
» force ni par la violence qu'il faut agir, mais par
» mon esprit, dit l'Éternel Zébaoth. » לא בחיל ולא
בכח כי אם ברוחי אמר ה' צבאות

De cette devise il s'est constamment souvenu ;
elle a été son inspiratrice, et c'est à elle que nous
devons d'avoir vu découler de cette bouche chérie
des avertissements qui, même dans leur sévérité,
étaient empreints d'une extrême douceur, et des ré-
primandes où le ton du père qui conseille l'emportait
sur celui du chef qui a le droit de commander.

Qui ne se souvient de ses admirables lettres pas-
torales, dans lesquelles il expose successivement
ses idées sur le Judaïsme ? En 1853, il y prélude
par son discours d'installation à Paris. Ce discours
est tout un programme, qu'il veut tracer tout de

suite, pour se donner à lui-même sa règle de conduite, et pour apprendre aux fidèles ce qu'ils ont
à attendre de lui. La paix à obtenir au moyen
d'une parfaite unité de vues dans la pratique de la
vie religieuse en famille, dans la manière de célé-
brer le culte en public et dans l'enseignement à
offrir à la jeunesse, c'est là l'objet qu'il poursuivra.
Et ce but fut depuis constamment le sien. S'adresse-
t-il, à l'approche des fêtes, à ses frères en religion, il les invite à la concorde, à l'entente, à
l'union, à la piété; il essaie de leur persuader que
c'est mettre notre antique croyance à deux doigts
de sa perte que de vouloir la faire plier au caprice
de toutes nos velléités d'imprudentes réformes.
D'ailleurs, continue-t-il, notre religion n'est pas si
exclusive qu'on veut le croire. On peut lui appli-
quer ce mot du Talmud : « La mère est encore plus
» empressée d'offrir son lait que le nourrisson de le
» boire. » יותר ממה שהעגל רוצה לינק הפרה רוצה להניק
Et il ajoute : « Le grand tort de nos frères est de
ne pas savoir s'arrêter dans leurs transgressions
impies, et de s'imaginer qu'il leur faut tout abandonner et rejeter, quand les circonstances les ont
forcés une fois à négliger quelques points. » Quelle
exquise manière de tenir unis autour du drapeau
de la foi ceux que les exigences sociales poussent
quelquefois à de durs sacrifices ! Et à l'exposition

de pensées aussi conciliantes, il sut toujours apporter un charme de diction digne des premiers écrivains de notre siècle.

Quand, dans une autre circonstance, il publie les résultats des conférences des Grands-Rabbins tenues sous sa présidence, les mêmes exhortations se retrouvent sous sa plume élégante. Il sent, de nouveau, le besoin d'arrêter ceux qui, « tombés » d'écarts en écarts, renoncent à tout espoir de re- » tour, et se persuadent qu'après s'être relâchés » une fois, il n'y a plus rien à perdre à rompre » complètement avec son culte, ou que la négli- » gence d'une partie des devoirs rend inutile l'ac- » complissement des autres. »

Une pareille idée, reprise deux fois, et présentée presque sous le même aspect à l'édification commune, ne permettrait-elle pas de supposer que Salomon Ulmann voulait en elle signaler au Judaïsme actuel son véritable écueil? En tout cas, témoigne-t-elle du rare esprit de tolérance qui animait notre regretté chef, et duquel il a donné pendant sa vie plus d'un exemple. Comment la tolérance eût-elle fait défaut à ce Pasteur, si plein de bonté et d'indulgence? Cette vertu n'est-elle pas le complément de la vraie piété, et lorsque l'on sait prendre en tout Dieu pour modèle, n'apprend-on pas de lui à respecter dans les autres une liberté dont le Créateur a fait l'essentielle prérogative de l'humaine créature?

Cependant ses sentiments de tolérance ne le rendent pas indifférent à l'état où se trouve la Synagogue dont les destinées lui sont confiées. Cette résolution de sa part d'appeler auprès de lui, en conférences, les Grands-Rabbins de France, en serait une preuve au besoin; et, quand on lit le compte-rendu de ces conférences, présenté par lui sous forme de lettre pastorale, on demeure émerveillé du soin incessant avec lequel il veille sur son troupeau. Tout le préoccupe à la fois, et le sentiment religieux à affermir au cœur des fidèles, et la dignité à introduire ou à maintenir dans la célébration du culte, et l'instruction à répandre dans toutes les classes de la société israélite, et la science religieuse à cultiver par des pasteurs zélés et actifs en même temps que studieux et désintéressés, et enfin l'avenir à préparer en faveur de ces mêmes pasteurs par l'institution d'une caisse de retraite servant également des secours à leurs veuves.

C'est, Messieurs, pour assurer le fonctionnement rapide de cette caisse, que Salomon Ulmann a donné l'exemple d'un rare désintéressement. Les Consistoires départementaux, voyant l'exiguité du traitement qu'il recevait de l'État, s'étaient entendus pour lui offrir une allocation supplémentaire.

Salomon Ulmann la refusa. « Je ne dois pas, dit-il,
» songer à moi aussi longtemps qu'il reste à faire
» quelque chose pour l'avenir du rabbinat français. »
Voilà le caractère de l'homme que nous pleurons.
Ce trait le peint tout entier avec l'extrême sollici-
tude dont il entoure ses subordonnés. A voir même
l'active correspondance qu'il entretient avec eux
et l'intérêt qu'il prend à leurs travaux et publica-
tions, on le dirait, et cela est vrai, profondément
convaincu que la clef de tout notre avenir religieux se trouve entre les mains du rabbinat français. C'est à lui qu'il parle avec le plus d'amour et
le plus de tendresse ; il stimule son point d'honneur, il aiguillonne son ardeur et l'encourage à
se poser partout en sentinelle avancée du Judaïsme.
« Les Rabbins français, dit-il, n'ambitionnent pas,
» et espérons qu'il resteront toujours dans ces dis-
» positions, le nom de réformateurs : ce dont ils
» seront toujours jaloux, c'est d'être, à l'exemple de
» leurs illustres devanciers, les soutiens de la foi,
» les défenseurs de nos doctrines, les conservateurs
» fidèles de nos traditions, les propagateurs, par
» l'étude et l'enseignement, de la science religieuse,
» les pasteurs dévoués de leur saint troupeau. »

Et pour les rendre tels, il est allé, malgré l'état
de souffrance perpétuelle où il se trouvait, jusqu'à
se charger presque personnellement de leur édu-

cation sacerdotale. Il souffre de voir notre séminaire unique installé à Metz, loin de son œil paternel. Il ne se dissimule pas que toute la charge morale d'une translation à Paris reposera sur lui; mais il ne recule devant rien, parce que, s'il ne se sent pas la force, il se sent du moins l'amour nécessaire pour veiller, jour et nuit, sur cet intéressant établissement, en qui réside notre espoir et notre pierre d'attente. Ce qu'il a fait, effectivement, pour cette institution qu'il gardait comme la prunelle de ses yeux, nul ne saurait le dire convenablement. Il s'était donné là un travail de tous les jours et de tous les instants; il prêchait d'exemple par son assiduité à fréquenter les classes, et, par le cours méthodique qu'il a su introduire dans les études, il a réussi à leur imprimer une direction qui ne se perdra plus désormais. C'est dans ce milieu qu'il se trouve comme dans son élément vital; là son éminente science peut se montrer sous toutes ses faces, et elle s'y est répandue comme à flots d'or et d'argent. Aimant souvent à se faire presque lui-même disciple, il venait s'asseoir sur les bancs du séminaire, et il cherchait ainsi à se retremper dans ces fortes études qui avaient fait les délices de sa vie entière. Puiser journellement dans cette mer de connaissances qu'on appelle la science talmudique: pénétrer de plus en plus dans le sens des saintes Écritures, et découvrir toute la sublimité de leur enseignement dogmatique: méditer les doctrines des philosophes juifs qui, avant l'époque de la Renaissance, ont fait l'admiration comme elles ont été la nourriture spirituelle du monde demeuré studieux et savant (1); s'exercer dans la langue que Dieu lui-même a parlée sur le Sinaï, et, à côté de cela, ne rien négliger des connaissances profanes dont l'acquisition complète aujourd'hui toute sérieuse éducation, c'étaient là autant d'occupations favorites qu'il pouvait dire avoir été les siennes, pour les faire servir d'exemple aux jeunes disciples dont il avait pris la surveillance et comme la haute direction. Au moins, en quittant cette terre, Salomon Ulmann a-t-il emporté la satisfaction d'avoir laissé derrière lui, au centre même où se trouve actuellement le trésor d'avenir du Judaïsme français, une traînée lumineuse qui servira à éclairer la route sur laquelle marchera désormais le rabbinat entier pour faire avancer de plus en plus la Synagogue vers l'accomplissement de ses glorieuses destinées.

(1 Dans ses dernières années, Salomon Ulmann s'est occupé de traduire le livre du Kosari, le chef-d'œuvre du docteur Juda Halévy.

O âme sainte et pure, tu as ainsi achevé ton œuvre dans ce monde, bien que tu n'y aies passé que de courtes années. Tu es peut-être mort avant ton temps, victime du dévoûment fraternel qui se rencontrait en toi à côté de tant d'autres dévoûments dont tu as fait preuve ici-bas. Si jamais l'immortalité a été bien gagnée, c'est par toi, qui n'as cherché à soutenir une frêle existence que pour faire le bonheur d'une digne épouse, d'une famille sainte et vertueuse comme tu l'étais toi-même. La Synagogue française perd en toi son plus solide appui, son plus brillant ornement. En tombant, tu as brisé sa couronne de gloire. Mais tu as laissé parmi nous, pasteurs en Israël, dont tu as été le chef austère, des exemples qui ne seront point perdus. Nous nous inspirerons de ta sagesse, nous nous éclairerons des lumières de ta science, et nous essaierons de marcher dans les voies de ta piété si simple et si exempte de tout fard. Déjà tu as pris ta place à côté des Aben Ezra, des Juda Halévy et des Maïmonide, dont tu as été le digne émule. Repose en paix dans le sein de l'Éternel, et délecte-toi de la magnificence et des délices de sa droite : נעימות בימינך נצח *Amen !*

www.ingramcontent.com/pod-product-compliance
Lightning Source LLC
Chambersburg PA
CBHW051327060726
47596CB00004B/1504